JN411304

백숙자 시집

네게 닿을 때까지 나는 운다

네게 닿을 때까지 나는 운다

지은이 • 백숙자

펴낸이 • 강옥현

주 간 • 양재일

디자인 • 김양길

펴낸곳 • 도서출판 오감도

초판 인쇄일 • 2019년 11월 30일

초판 발행일 • 2019년 12월 5일

서울시 중구 을지로3가 268 유일빌딩 604호

출판등록 1998년 10월 15일 제10-1651호

전화 010-3206-2591 070-7778-2591

팩스 031-775-016

메일 2277yang@hanmail.net

ISBN 978-5698-373-8 03810

* 이 책은 진주시의 문화진흥기금 지원을 받아 제작되었습니다

* 지은이와 협의에 의하여 인지는 생략합니다.

이 도서의 국립중앙도서관 출판예정도서목록(CIP)은 서지정보유통지원시스템 홈페이지(http://seoji.nl.go.kr)와 국가자료종합목록 구축시스템(http://kolis-net.nl.go.kr)에서 이용하실 수 있습니다. (CIP제어번호 : CIP2019047790)

✍ 시인의 말

날고 싶었다
이상과 현실 그 사이

날개가 없는 나는 그래서 늘 아팠다

어둡고 칙칙한 긴 동굴을 이제 빠져나온 듯
눈이 부시다
눈 속 깊이 빠진 발목도 빼 올린 것 같다

한때 사는 일이 더 급해 문학을 사치라 여겨
한동안 불법佛法에 탐닉한 적이 있었다

남강변 길을 자주 걷는다
물 팽이를 만드는 바람과 청둥오리 등에 흐르는 빛
초록 대숲이 사운대는 오후의 볕살은
무지개 터널을 만든다

그래서 더 좋다
나를 그 속에 풀어놓으니 심장에 있는 말들이
세상으로 나오려 자꾸 옹알이를 한다

이제 자유로운 몸짓으로 훨훨 날개를 터는

너는 옹이꽃

이 시집을 양지쪽 햇살 한 평 덮고 누워계신 부모님과
백준상 큰오빠께 삼가 바친다

1

2

3

4

5

1

바느질

빛은 늘 출구 쪽으로 나 있다
어떤 땐 출구를 봉합하기도 하지만
항상 그런 것은 아니다

나의 끝과 끝은 늘 간당간당했다
서로의 귀를 당겨 이음질을 한다
누에가 먼저 지나간 길이다
노동자의 땀방울과 한 번도 소리 내지 못한
에미의 고단함도
색실로 꿰매면 노숙자들의 밥 차례같이 일직으로 설까
가끔 길을 놓치기도 하지만
앞서가려던 실이 실의 발목을 묶을 때도 있다

죽은 올은 고이 걷어 입관해야 한다
붙어 무너진 저들의 얼굴을 가려내는 건
손끝이 먼저 떨린다

헐어 구멍 난 자리 쳐진 올을 당겨야 한다
평평하게 좁아도 안 되고
뜸이 떠도 안 되는 거리
꼭 너와 나의 거리 같다
당기면 가깝고 놓으면 멀어지는 긴장
누에 형제들이 한철 몸 부비며
지나간 발톱의 선명한 지문
마음을 봉합하는 깃과 깃은 순진한 무명 빛이다

전어

물에 오른 바다
활활 타오르는 장작불 석쇠에
푸푸 흰 거품 전하고픈 말이 많다

소주 한 잔 두 잔
목줄기에 걸려든 사랑 하나 가시로 돋아나다가
독한 술을 삼킨다
등에서 타는 천일염처럼

흔들리는 어금니로 흰 파도의 뼈를 잘근 씹는다
고소한 육질이 이별은 별것 아니라며
시린 잇몸을 다독여 주지만
진정 이빨 사이 깊이 낀 사랑을
나는 한참 뒤에야 지운다
눈가에 번진 노을도 지운다

석쇠 위 은빛 전어 파닥이던 지느러미
끝끝내 뱉지 못한 한마디 말로
까맣게 타 있었다

소록도

전설로 누워있는 단종대
스물다섯 청년 이동을 만나다
뜨거운 사지를 묶었던 나무도마가 시간을 넘어와
그 자리 꿈쩍 않고 앉아있다
구들 밑을 흐르던 피 배인 흙 내음같이
검은 제복을 입은 사자들은
쭉 둘러 쇠창살울타리를 쳤다
바람의 입김이 시린 허공을 배회하는
길 없는 길에 버려진 목숨
생도 사도 멈춰버린 순간 날카로운 칼들이 부딪치면
나무껍질을 벗기듯 가죽을 벗겼다
사형되는 남자

청년은 어느 가문의 귀한 자손
종자를 받는 것이 금기였던 시대

육신을 빠져나간 혈류 구들장 밑으로 흘러
바다로 갔다

전설처럼 바다로 가는 길이 있었다
시대가 이웃이 떠밀어버린 벼랑 끝

기억해다오 예까지 밀려 왔던 내 발길을

선택할 수 없었던 좁은 문
맑고 애잔한 사슴의 눈망울 속으로 들어가면
바람이 헹궈 놓은 고향길 나온다
갇힌 육신 날고 싶은 영혼이 서로 할퀴며 격투했던 밤
그런 밤은 달이 하얀 옥양목 시린 빛이었을까
풀 먹인 이불 홑청 털어 널던 어머니 꿈을
얼마나 꾸었으리
보고 싶다 그 말은 한 번도 말이 되지 못했다

청춘의 붉은 피로 물든 바다가
오늘은 거품날개를 더 세운다

그의 목소리로 그가 앉았던 자리
철쭉꽃 이파리 하나 뚝 진다

과메기

생배추잎을 맨 밑에 놓는다
미나리와 생김, 파 짝사랑보다 매끄러운 다시마를
올린다
비틀어져 꼬들꼬들한 육신 위에
고추냉이와 쌈된장 초고추장이 몸을 둘둘 말아쥔다
속살이 새어 나오지 않도록
초록 수의로 염을 하듯
부딪치는 소주잔을 빨아들이는 블랙홀

아 ~삭히지 못한 그리움 하나 목줄에 걸린다
씹히는 이 비릿한 육질이
달짝지근한 맛으로 변하는 찰나였을까
근원의 떨림들이 전율로 촉이 서다가
내 얼굴 가득 해당화 꽃물 든다
젊은 날 그대의 잘못을 배춧잎 펴듯 넓게 싸서
둘둘 말아 꿀꺽 삼켰더라면

잇몸을 조금씩 쑤셔오는 가시의 생채기 대신
쫀득한 육질과 섞인 쌈된장 맛이었을지도
모른다는 생각을 가끔 했지
그물에 걸리던 과메기의 애달픈 마지막과 같이
늘 곤두박질치던 시간
고추냉이 맛보다 더 매웠다

범종

소리의 집
생이 무거워 늘 맞으며 사는가
소리의 나이테 쇠 문양에
몇 자 법문으로 둥글게 박힌다
울었던 시간을 다듬이질로 펴면
그 사리로 검은 벽면을 환히 밝힐 수 있으려나
동그란 부처의 미소가 소리 줄기에 살고 있을까
어둠을 잠재우는 소리의 집
감추었던 시간이 옷을 벗는다
맞을 때마다 떨어진 쇠비늘의 씨앗일까
하나가 되기 위해 억겁의 시간 생하고 또 멸하였다
맞으며 다져진 비단속살
삼경의 행간을 굴러굴러 세상으로 나간다
혼자서는 열 수 없는 길이네
빛이 되지 못한 침묵들이 검붉도록 맞아야
내 깊은 내륙까지 차오르는 너
용의 발톱에 매달려 천년을 울었구나

해당화 지네

초록 숲은 툭툭 육신의 끝자락 털어낸다
해당화 분홍 속살 노을로 누운 언덕에
자지러진 비단 울음소리 황홀하다
토해내지 못한 빈 달을 퍼 올리던
지난밤 물레에 감기던 그리움 한 줄기
네 통곡의 핏빛이었구나
윤유월 유두날 지어둔 할머니 수의 만지듯 자꾸 서럽다
삼켜도 넘어가지 않는 짭짤한 해풍
그 외침에 터져버린 샛노란 씨 봉지
활짝 터져야 떨어진다네
사랑했었다! 말 아직 못했는데
어쩌랴
꽃물 흠뻑 젖어 뒤척인다
물길 와 부서진 바위 모서리 깎아내는 등허리 내어주고
그냥 비석으로 섰다가
환장할 노을 몇 점 해당화 바람으로 뚝 뚝 떨어져
꽃신 코에 앉는다

목련

첫소리로 울었다
가시 돋친 밤을

정법사 돌담 따라가면 늙은 목련
담장 밖으로 팔 내놓고 발자국 소릴 가만 엿듣고 있다
파계승의 번민같이 수상하다

누가 달아 두었나
사기 종지 가지 끝마다 소복소복 눈 시리게 달려
담장 모서리 비춘다

으슥한 새벽 그대 보낸 눈물인가 더 희다

종지 끝으로 흐르는 외로운 침묵
위로만 솟아 푸르고 환한 저 성지

해 저물어 떨어진다
흰 꽃 하나 지구 밖으로

집으로 가는 길

왁자지껄한 난전을 섬망 환자같이 종일 배회했던 다리
퇴행성 앓는 뼈마디 욱신거린다
힘에 부치는 막노동으로 박힌 뽑히지 않는 가시
지친 밤을 관통한 저 늦가을 서리꽃으로
앉아있다
내 안으로 골골이 파고드는 공사장 철조물
모래더미로 막을 수 있는 것이면 진즉에 밀어냈을까
나를 얕보고 조금도 밀려가지 않더라
떠밀려 온 섬 먹먹함을 저울에 올리면
저 저울추는 그 무게 눈금을 제대로 맞출 수 있으려나
설움이 나보다 더 무거운 그림자
울음의 빛 얇고 가벼우면
몇 알의 진통제 뼈마디 통증 사라질까
달빛도 내 그림자같이 비틀거린다
집으로 가는 길
기침 소리 전신주에 걸려 휘파람 사이로 운다

동지

조금 시에 타는 불꽃이라야
잘 익어 우주를 밝히는 달이 된다

수년 끓였던 의식이다
빚어놓은 옹심이에서
백목련 송이처럼 희고 시린 빛이 뿜어나온다
덧나던 상처를 다스리는 건 역시 소금이다
부항 뜬 자리같이 부풀어 오르는 팥물에
소금 간을 하자
하얀 별들이 불룩불룩 솟아오른다

슬픔도 끓거나 잘 익으면 별이 되는가

야윈 것들이 모두 살이 올라 한 그릇 불꽃으로 담겨
저녁상에 등불 없이도 방은 환하다

죽솥에 엎어진 자운영 닮은 누이
총총 별로 가버린 날
섣달 바람으로 얼었던 울음
미역 줄기로 축 늘어져 흔들리던 아버지
사발 속 별을 떠서 씹지도 않고 꾸역 넘기셨지
문고리에 비친 달빛이
버티던 아버지 등 위로 몸을 뒤척인다

저 솥에서 누이별과 아버지 어머니별이 걸어 나와
수년 비어 있는 고향 집 하늘에 떠
어둠 하나 밝힐 경전으로 반짝이면 좋겠다

아픔도 푹푹 삶으면 빛을 만드는 우주로 태어나
길을 비추는구나

에밀레종

생사를 넘나드는 문
그 열쇠를 네게 주고 싶었다

우주를 열어 하나가 되는 통로

천이백 년을 소리쳐도 듣지 못한 너
앞섶에 꿰맨 보주마저도 보지 못해
이슬방울로 오 현을 뜯어 비파의 영롱한 음을 보낸다

네 마음 깊은 바닥에 여울지는 찰나

내 영혼을 넣어 물들인 소리다

집채만 한 바위 모서리에
비단 자락이 스쳐 닳아서 없어지는 것이
일 겁이라면 너와 나는 지구를 몇 바퀴나 돌아왔을까

네게 닿을 때까지 나는 운다

무시로 네가 그 문을 넘나들 그때까지
내 온몸으로 소리쳐서 무겁고 낮은 소리로
너의 귀를 열 것이다

부엌

그 나라를 다스리는 건 손이다

마디마디 군살로 다져진
천장 높이로 쌓인 시간의 마른 갈비와 장작

죽은 나무들의 손톱은 길다

저희끼리 손 잡아야 살아남는 이치도 안다
서로 토닥토닥 엉키며 참 할 말도 많다

순간순간이 모두 치열했다며 타오르던 관솔
죽으면서 남기는 습관적인 말이지만

참 뜨겁다

육신을 빠져나간 영혼이 찾아가는 굴뚝,

저 자유로운 형상을 보고 남은 자들은 모두
잘 차린 식탁 앞에 앉는다

물과 불이 익힌 세상 하나
한 움큼의 햇살과 바람이 숟가락 안에서 웃는다

노고단에서

양단 자락으로 하늘거리는
연분홍 진달래 꽃잎
초록을 불러오는 꾀꼬리 노랫소리다
바람을 타고 내려오는 꽃잎
가슴 사이로 휘몰아치는 능선능선
나도 초록으로 물들어 그대와 하나가 된다
생명을 관통하는 바람
깊은 밤 당신을 휘감던 붉은 피
퍼붓던 아픈 달의 눈물이었다
불타는 열정 어르고 얼러 여기 도도히 서 있다
절대의 소망 장엄한 사랑도 내게 오면 연분홍
꽃잎으로 스밀 수 있기를

분수대

올랐다 떨어지는 저 뿌리는 어디서 왔을까
그대 사랑의 빛으로 춤추는 무지개
하늘까지 닿겠다
명멸하는 몸짓과 선율들
작은 분자가 소리에 녹아
후 휘날린다
곡선을 그리며 놀던 연보랏빛
저 뿌리는 또 어디에서 꽃을 피울까

일출

아직 여자가 되지 못한 여린 소녀
통증 없이는 오르지 못하는 고지
출산의 의식이다
거룩한 가랑이 사이로 빠져나와
서서히 요동쳐 오르는 뜨거운 불덩어리
불덩어리를 품고 살았던 소녀의 골반은
이제 하늘이 되었다
여자는 모든 신을 주관하는 그 위의 신이시다

2

물꼬

흐르게 물길을 터주는 게 우선이다
바싹 말라 갈라진 바닥의 주둥이에
물의 젖꼭지를 물리는 것
애면글면 하늘만 쳐다보는 비단흙에서 단내가 난다

여름만 되면 도지는 아버지 속병
농사일은 아예 모르신다
어머니와 아재의 몫이다
하얀 모시 두루마기 올 사이에 끼인 별살을 데리고
고샅길 걸으시네

물길을 찾아 종종
고무신 코가 헐렁하도록
논둑 밭둑을 벌같이 날아다니시네

급하게 싼 설사처럼 콸콸 쏟아져 비틀어진
콩대와 팥 줄기 벼 뿌리까지 적시면

기왓골 같은 어머니 눈웃음 지으실까
고운 새벽 단잠이라도 한 번 재우실까

애가 탄다
물 새끼들 숲을 내려오면서
자갈 속으로 다 숨어버리지

봇도랑 바닥을 씻어두면 가뭄에도 물이 살까
물껍질을 벗겨 길을 내는 묵은 감자 같은
손등을 담그는 새벽이
참 뜨겁다
물길을 틔우신 어머니
임자 없는 새벽은 어머니가 주인이다

상여

사람이 다리가 되어야
하늘로 가는 길이 열립니다

노랑 빨강 초록 보라 칠보의 나무집
비행기도 한 번 못 타 본 어머니
꽃마차에 탑승표를 끊었습니다
풀을 뽑던 닳고 닳은 손톱에 봉숭아 꽃물 곱습니다
세상을 쥐었던 주먹도 펴야 해요
헐렁한 고무신도 댓돌 위에서
붙들었던 발목을 놓으려 하네요
식지 않은 온기에
저 혼자 보내는 눈물 삼키는 의식입니다
말과 소리 행동 식욕 의복 이제 소임이 모두 끝나
묶었던 고리도 풀어 놓네요
꽃물결로 출렁출렁 넘실거립니다
생전에 누리지 못한 호사를 이제사 누리십니다

앞서가는 소리들이 깃발로 서서 땅을 쩡쩡 호령합니다
한생 내내 밟고 다녔던 땅

우주로 가는 마차는 돌아오지 못합니다

수덕사 고목

바닥에 누워있는 그림자 선명한 입술을 닮았다
한 번도 보지 못한
일엽 스님의 불경을 외던 얇은 입술 아닐까

빛과 그늘 그 경계에 존재하는 사만 팔천의 법문
또 내 속에 살고 있는 사만 팔천의 번뇌

물러설 마음 없던 유월의 땡볕 마당에 누워
번뇌 태우기엔 이보다
더 좋은 절기는 없다고 허세를 부린다

매미는 제 털까지 뽑아내며 몸으로 법화경을 읽고

타성으로 묻혀 온 낯선 감정들
그 피 한 방울까지 다 먹은 다음에야
겨우 꼬리를 내리는 빛

몇백 년 된 고목이 귀를 열고 누워서 열반에 들었다

하얀 뿌리들이 어찌 알았을까

하루에 수만 번 일어나던 생각들을 삼키며
스스로 붉게 익어야 하는 것을
일엽 스님 생전의 자비는
모두가 행복해지는 기도 아니었을까

수의

절제되었던 말 속에서 살아 나온 말이
떠날 채비를 합니다
눈물 떨군 명주 올 뽑아 길을 쓸고
헛헛한 먼 길에 가시도 걷어 내고
발끝에 밟힐 돌부리도 모두 뽑아 두었습니다
홀로 가는 검은 강변 길
무서워 떨지 말라고 바람을 깃발로 세웠습니다
묵혀져 곰삭은 시간들 발아되는 거룩함
생 끝에서 돋아나 시리게 아름답고 뜨거운 저 외침
우주 속 한 알 씨앗으로 잉태되는 순간입니다
흰 국화꽃 깊이 둥지 튼 울음
마지막을 몰아쉬는 가래 바글바글 끓어오르는 소리
음표 없는 이별 연주입니다
직사각 건조한 나무집에
북쪽으로 누운 등 뒤로 밭뙈기 논뙈기 서로 갖겠다고
다툼이네요
업적도 되지 못했던가

아둥바둥 걸었던 시간들
낯선 길에서 만나는 저 시푸른 바람 춤을 추다가
명주 올에서 미끄럼을 타네요
빳빳해진 육신을 감싼 생살 올 뽑아
씨줄 날줄 당겨 짜낸 보리의 꽃
목숨을 주관하는 신이 내린 선물입니다

발

맨 밑 뒤꿈치의 끝에서 버석거리다 떨어지는 껍질
걸어온 길이만큼 쌓였던 퇴적암

바닥에서 정상은 감히 올라설 수 없는 성역이다
가질 수 있는 것을 다 쥐는 손이나
아름다운 것들을 다 볼 수 있는 눈
세상을 맘껏 보고 싶다고 욕심낸 적 없다
너를 신고 다니는 것이 즐거움이었지

이제 허방을 딛지 않을 거라
매 순간마다 다짐을 해
한 몸으로 살아도 난 너를 올려다보고
넌 나를 내려다보며 무슨 생각을 했을까?
꽃길만 가겠다고 유명브랜드 신겨줄 때
또 나를 꼬드긴 그때
정말 그 말을 믿은 거야
이제 멀리 한번 뛰어 보는 나의 세상을 꿈꾼다

무심한 너에게
나는 오늘 경고장을 확 날린다
디디고 선 땅이 허방일지라도

만월의 연주

어둠이 무릎을 맞대는 자정
마당에 병아리 깃털로 내린 빛 현란하다
정적은 도도한 방청객으로 빈틈없이 들어선다
빈 가지에 앉은 고요
하얀 돌의 이마
달의 하체를 빠져나온 관절
빛과 색의 소리 제왕의 위상일까
음향 몇 가락 경전 속 글자로
별빛 리듬 시나브로 스민다
바다 중심에 나뭇잎 배 한 척 떠있듯
잎새 하나 떨지 않는다
보름 동안 어둠의 올을 풀어야
저 경지에 오를 수 있는 것이면
노란 달의 아득한 길이를 잴 수도 있을 것 같다
그을음을 긁어 마당에 쏟아놓은 생살
낮은 음계로 추는 빛의 악보 없는 추임새
가냘프나 강하게 달빛을 당긴다

생명의 깃털에 부르르 음표들이 튀어 오른다
높은음자리표 바람이 침묵하는 가지 사이로
먼 절집 종 치는 소리가 녹아 여여히 날아들고
끝난 연주자의 하얀 손톱이
황금빛 타래 한 채 쥐고 떠난 자리
새벽이 분홍빛 얼굴을 드러낸다

생일

밭에서 막 따서 깐 자주색 팥을 푹 삶는다
할머니 손은 열 개의 추가 달린 저울
뽀얀 쌀가루 고루 깔고
노을빛 호박 썰어 손맛을 섞어 버무린다
한 켜 한 켜 경계선을 긋는 붉은 팥
8부 고지에서 밀봉된다
눈금 없이도 무게는 틀리는 법이 없지
경력 오십 년 솥뚜껑 기능보유자의 능숙한 솜씨다
솥의 입술과 시루 그 입술 사이 하얀 꽃띠를 두른다
이음꽃이다

아궁이에는 시월 뒷산 앞산이 타고
시루 속에서 막 들어간 노을이 몸 부비며 익는다
나락 가마니가 쌓이는 숫자만큼
할머니 손저울은 달라진다
참 안 된 일이지만
그 날은 닭이 몇 마리 소신공양을 해야 한다

이슬 맞은 달짝지근한 무 철철 날려서
닭뼈와 살을 푹 우려낸다
국 끓는 내음 가마솥 곁으로 사람들이 빙 둘러앉는다
자주 팥알과 호박의 찰떡궁합
얼큰한 국물
멍석 위 아재들의 땀방울 후후 불면 다 날아가고
가슴이 더워진다
할매 손 참 바쁜 지화자 동네 잔칫날
마침 내 생일이었다

옹이꽃

덤불길 앞에 멈칫 섰을 때 딛고 온 길이
연습이 없는 허방이었음을 알았습니다
다른 길 하나 내기 위해
용접의 불꽃으로 점화시킨 나는
되돌아볼 틈도 없이 걸었습니다
나보다 더 나를 잘 아는 불꽃의 그림자
오로지 한 곳을 향하지 못한 내 절룩발이 사랑과
수천 번을 불러도 네게 가 닿지 않을 바람과
밀어내도 밀려나지 않는 그리움을 태웠습니다
어둠의 깃에 붙은 불이 반짝인다고
모두에게 등대가 될까,
모음 자음 잇고 또 이어도
나에게 와선 하나의 빛으로 살아나진 않았습니다
껴입어도 드러나는 시린 손목과
깨어나지 않기를 기도하는 밤 어김없이
찾아오는 등록금 고지서와 월세가
뜨겁게 자신을 후려쳤습니다

깊고 푸른 물만 일렁이는 두 눈을 볼 수 없는
나의 등짝은 더 단단해졌습니다
쌓여있던 시간의 그림자들이 반 넘어 잘려나간 자리
새 살이 돋아나 있음을 안 것은 한참 뒤였습니다
위태한 절벽 끝 피어난 찔레꽃 다발
모시바람 불 때마다 가시에 찔린 하얀 웃음이
왈칵 쏟아졌답니다
가시를 깁던 손톱 밑 노을 몇 점 따라와 영글고
그믐밤에도 어여쁜 나의 등대에는 떼별들이
남실남실 돋아납니다.

벚꽃길

화개골의 삼월은 백발노모를 빼닮으셨네

희어서 더 시린 하늘이 꽃눈으로 휘날린다
잘 익은 옹이같이
어린 바람을 물고 온 은어 주둥이 아른아른 얼비친다
삼월 바람은 왼발로도 돌을 들추고 은어를 찾는다 하네
꽃 날개로 흘려 쓰는 깊고 무거웠던 생
칸칸이 열리는 꽃터널 문틈으로
새 떼 무진장 날아오른다
하얀 꽃 시루
아마도 이 꽃눈은 한참 지각을 한 모양이다
오얏꽃 핀 얼굴에 저승꽃 가득한 어머니
질펀한 저 비린내로 틀니를 헹구신다
간신히 잡고 있던 산맥 하나
꽃눈으로 아주 눈이 부셔
어머니와 몸을 보태며 평평 웃었다

어머니가 쓰시는 처음이자 마지막 월계관
칠보의 별살 줄기에 몸 맡기시네

그해 삼월은
바람이 섬진강 모래더미로 꽃눈을 실어 왔다

부채

문갑 위에 두었던 걸 꺼내 들었네
후끈한 열기를 밀어내긴 이보다 좋은 연장은 없으이
얇은 갈비뼈 사이에서 저토록 센 힘이 날까
한지의 부드러운 맛 막힌 가슴이 시원하다네
오얏꽃 핀 언덕을 자네와 걷는 오래된 우정 아닌가
자네는 아는가
꼿꼿이 섰던 나무들이 내 앞에 고개 숙이고
안녕하냐고 묻는 것은
태풍이 일본을 거쳐 남해로 오기 때문이라네
한지를 나온 묵향 내음 속으로 후끈 달군 땡볕이
온도를 낮추네
오늘은 횡재했어
손목이 휴일이지
구름이 날개 펴서 그늘을 만들고
나무와 꽃이 고개를 들었다 숙였다 춤을 춘다네
대살마다 일어나는 작은 반란들
처가 대밭에서 온 죽풍이라네

봄

두엄 익은 향내 헛간 문을 밀고 밖으로 내달린다
노고지리 쭈뼛한 부리로 어린 바람을 쪼아먹는 새들
창공의 주인이다
물살이 그걸 눈치채고 일렁일렁 팔을 젓는다
새벽바람을 싣고 온 수레바퀴 무거워
애인같이 앙탈을 부린다
나무가 한쪽 눈 껌뻑했는데
산속에 숨었던 소녀들
골골이 빨간 초경을 터뜨리고
지층이 신열로 후끈 달궈진다
하얀 뿌리에 맺힌 수액
완전한 이파리로 입수 중이다

불 그리고 철

디디고 버텨온 생은 쇠가 녹아내리는 불밭이었지
기술 하나 익히면 밥은 굶지 않는다
친구는 중학교로 아버지는 쇠공장으로 간 게
천직이 되었지
펄펄 끓어오르는 쇳물에 담금질하지
망치에 세게 맞을수록 더 단단해
흠 하나 없는 명품으로 세계로 잇는 고리가 되었지
그 고리 속에 온몸으로 받아내다 잘려나간
엄지와 검지 훈장 같은 육신이 있지

흔들리면서 견뎌낸 것은 식구가 중심이 되었던 거지
그것이 수치라고 동생의 상견례 때
죄인처럼 밥상 밑에 감추고 싶어하셨지

불에 지져져 태어난 꽃은
어깨에 더 선명한 문양으로 남아 있지
가끔은 살타는 내음도 구수하다고 하셨던가

이제 천직을 버린 아버지
지나간 것들이 희미한 시력 앞에 펼쳐지는 단상
바닥을 긁는 바람의 뼈가 가시로 자꾸 욱신거린다
불과 싸웠던 시간들이
궂은 날이면 온몸에 푸르게 살아나는 검지와 엄지
그 사이로 저녁 별살 잠깐 스친다

매미

투명무늬 날개 밑에는 바람을 만드는 신들이 산다
숨찬 절규에 뿌리까지 흔들리는 석류나무
땡볕 줄기를 긁는 날카로운 발톱
엉겅퀴 촉을 닮았다
맹렬히 울어대던 제 소리에 놀라
팽이로 떠는 날개
필사의 아우성이다
높고 낮은 가락을 뽑아 올리는 대합창
암수의 성별 차일까
힘의 차일까
더위에 맞선 단체시위다
배짱으로 드디어 맞장을 뜨나보다
소리로 그물을 짜서 펼치면
저 구렁이 같은 무시한 볕살
한 귀퉁이 뜯어낼 수도 있겠다 믿었다
엉겅퀴 발톱에 무너진 땡볕
바람이 익힌 석류 볼로 숲 속이 환하다

피아골 1

어미 품속으로 들어와 왱그랑 댕그랑 한다

무거운 네 울음이 누웠던 자리 그 바위 밑 산초꽃 진다
흰 여울은 아직도 보송한 네 스무 살 입술에 영글던
웃음 기억하며 붉은 울음 토한다
어린 대숲에 부대끼며 숨어 부지했던 수많은 목숨들
맺혀 떨다가 사라진 저 핏방울들
뚝 끊어져 내린다

환생한 네 열 손가락 손톱을 적시던 노을빛일까
칡넝쿨 잡고 몰아쉬던 다급했던 네 숨소리
진동한동 한다

북천역

대합실에는 감고 살았던 시간들이
뱀 껍질 같은 허물을 벗고 있다

죽음이 번호표 뽑는 순서라면 말로써 꼬아둔 새끼줄
그 매듭 천천히 풀어도 되지 않을까
생을 환승하는 꼭짓점
못다 한 사랑 때문에 또 머뭇머뭇한다
빨리 가자고 살살이 꽃등을 두드리는 야속한 기적
이생에 불렀던 이름 석 자 역사 바닥에 묻는다
가래침을 구두코가 묻듯이
슬픔은 모두 저 시린 청남색일까
어두운 열차 위에 웃음 같은 연기가 몸을 비틀며
하늘로 오른다

저건 분명 한 생을 지탱했던 상세 내역서일 게다

3

어머니

타는 노을이 막 마지막 바람 한 채 운구해 왔습니다
화장장 주변 나뭇가지들이
시간당 오백 밀리의 물폭탄을 맞으며 조문을 합니다
그리움 여섯 촉 기르신 아흔의 생
깊은 우물이 타고 있어요
굴뚝 위로 솟아 꿈틀거리는 저 몸짓
걸어오신 높고 낮았던 길
목쉰 외침 마디마다 활활 불꽃 일어나
한 줌의 재로 오롯이 안깁니다
이럴 때는 소방차 호스로는 턱도 없겠어요
불이 끊어내는 모진 고리

저 불길에 어머니가 있다는 사실을 믿는 사람은
아무도 없지요
달려가 서러움 실컷 토해내도 되는 언덕은
죽지 않는 줄 알았습니다

거짓말이야

여섯 필 비단천을 짜시던 손
도토리나무 껍질이었습니다
그 손은 2순위 자식은 1순위
용서란 말도 참 염치없어 못 합니다

아무도 당신의 스무 살 복숭아볼
어여쁨의 품격을 기억하지 못해요

제사 끝나면 살코기는 식구들에 밀어주고
조기 대가리 그 뼛속을 쪽쪽 빠시던 얇은 입술
맛나다 하시던 말씀을 진정이라 믿었습니다

이제 바람이 하얀 뼈 한 채 싣고
우주로 향하는 노을을 타려고 합니다
보이지 않는 연기 한 올 따라가는 내 마음

계곡

가뭄으로 땅이 뜨거워지자
차들은 주인만 싣고 골짜기로 들어가
물과 바람과 그늘 그들의 세상을 무자비 점령했다

터를 빼앗긴 바람은 들로 내려가
바둑판으로 갈라진 벼 고랑에 숨었다
겁먹은 얼굴이 파르르 승려의 머릿결 같다

차도 사람도 목이 타
이빨이 붉은 도랑 바닥을 마시고
가늘어진 팔은
늘어진 애먼 허공에다 삿대질한다
숲이 서서히 노을을 삼키고 있을 때
사람들은 보았다

사타구니를 타고 흘러온 한 방울의 땀이
물을 만드는 것을

사랑 고것 참

쇠톱으로 깎아야 반쯤 입 벌리는 꽃
혈관을 타고 뇌에서 발끝까지 돈다

단단한 암세포다

달구어진 입김 사이로 빠져나온 하얀 사랑의 씨앗
열꽃 온몸으로 번진다

아침 1

새벽녘에 남몰래 서리가 내렸을까
지난밤 어지러운 꿈도 껍질을 벗고
금싸라기같이 반짝이는 아침을 맞는다

맑고 차가운 잔에 고이는 고독
하얗게 바닥이 드러난 땅에 빛이 고인다

여린 꽃가지에 빛의 손길 닿으면
꽃은 파열하듯 파다닥 날개를 편다

강변의 자갈이 빛나게 하고
푸른 들판을 기름지게 하는 손길
흙돌담에도 한 줌 금싸라기 놓고 간다

들 앞 나뭇가지 사이 밤새 빗겨 늘인 거미줄에
투명한 이슬방울 걸리고
유리그릇을 깨물던 벌레들의 울음소리가 새겨져 있다

포근한 햇살 흩뿌리는
나의 아침은 맨살 드러나는 행복
반짝이는 행복 가슴에 고인다

아침 2

어둠과 빛의 경계에서
바람은 어둠의 뼈를 입관한다
땅속 반란이다
뜨겁고 둥근 우주 하나
능선의 속살을 뚫고 솟아나
울렁울렁 멀미하는 숲

칙칙한 모든 것들이 밀려 나간다
환한 얼굴들이 달려온다

그렇게
춥고 낡은 서러움들이 빛에 씻겨 사라지고
한 평씩 터를 늘이는 고단함은 이제 아픔이 아니다

세상에 비참이라는 두 글자를 없애고 싶다는
어느 시인의 고백

손길이 미쳐 닿지 않은 구석을
상크름한 바람이 지나도록 들추어
챙기고 보듬지
샅샅이

그렇게
문밖 대추나무 새순이 돋는다
황금빛 거미줄 온몸에 칭칭 감고서

해삼

오돌토돌 등에 다리가 있지
허리는 갈색 얼룩말들이 산다
나는 대한민국 지도야
전문가도 내 나이는 짐작 못 하지
전혀 분간이 안 되는 몸매거든
나풋나풋 점박이 날리는
상크름하고 매끄러운 젊음 윤기 자르르
물비늘도 미끄러진다
수분과 콜라겐 덩어리야
내 몸의 혈관을 뽑으면 지구를 두 바퀴는 돌 수 있어
햇귀에 말려도 물 만나고
내 가슴을 반으로 잘라도 벌에 쏘인 듯 뛰어오르지
오돌토돌 숨어 있는 그 힘을 끄집어내는 거야
한번 물면 놓지 않는 아귀도 있지
그게 나야 나
백 년은 문제없어 의심 말고 따라와
나를 한번 믿어 봐

숲

속에서 타던 애 시월이면 밖으로 품어낸다
시나브로 외치는 비파의 생울음
쌍계사 단청으로 치장했다

펄펄 끓어 오르는 신열 항생제도 소용없다

조선 여인의 연지곤지 물들인 용모일까
부적을 쓰던 혈액일까
신경세포에 주사바늘을 꽂았다
첫 순정을 숨겨서 투약한 처방은 의도적일까
아무도 몰랐다
비밀스런 지난밤 정사였으니
절정의 외마디 마침내 비명횡사다

떨어진 모가지를 네 발목이 질끈 밟고 간다

소금

아버지
바람은 얼마나 많은 날을
염전 바닥을 핥으며 오고 갔을까요

달빛 스민 밤바다를 길어 올려
무릎 관절에 밴 울음소리로 삐걱대던 수차가 일구던
바람의 꿈을 기억하시는지요
아버지
뼈마디에 파스를 붙이며 온돌인 양 다독여 재우던
바닥 같은 손
지문이 사라진 지 이미 오래랍니다

볕살이 강하게 퍼붓는 날
수차의 날개는 아버지와 함께 삐걱대는
밑바닥의 그림자를 돌리고
바다를 들어 올린 바람 녹이고 말리고 폈다 접었다
즐거울 땐 펴고 슬플 땐 접는 법을 익히신 아버지

혈관 속으로 흐르던 서해바다
깊고 푸른 조류가 새하얀 알갱이로 소생했었지요

눈부신 설산이 솟아 아버지 등 뒤 우뚝 섰네요
붉게 탄 저녁 햇살 한 줄기 이승을 뜨는 바람 불러모아
목쉰 육자배기 한 가락 걸판지게 불러대던 날
바람과 햇살 닳아 뭉개진 수만 수억의 소금알이
달빛보다 환하게 짭조름한 청빛 그리움으로
반짝이네요
아버지

500원짜리 동전의 힘

—평화전망대에서

희미했던 땅
동그란 우주 그곳에 맞물리는 순간
짝 밀려와 내 앞에 멈춘 대형 스크린
강기슭을 따라 드문드문 엎딘 무덤 같은 초소
꿈틀거리는 허연 모래펄
언제쯤 통증이 끝났다는 신호음을 울릴까
어둠을 겨누는 위험한 총부리
양사면과 개풍군의 가슴을 쪼개어
그 중심을 흐르는 비단 실안개 살던 예성강
강화만으로 들어와 한탄강과 한강 형제를 낳았다
물 담은 볏논에 농부가 피를 뽑아내는 게
아슴아슴하다
핵이 스스로 바다에 수장되기를 기도하며
유월에 만난 초록 풍경화
더 멀리 목을 움츠리는 언덕에
어머니 울음 밴 목쉰 물살이

바람을 움켜잡고 놓지 못한다
은빛 모래펄이 서러운 뱃구리를 드러내
무심한 청빛 하늘을 향하여
한바탕 퍼붓고 돌아선다
쉰 발목을 위로하는 망향 제단에
햇살 몇 줄기 시간이 얼마 없다고
목을 놓는 허리 구부린 망향가
다시 영상이 희미해진다

찔레꽃

이쪽저쪽 경계선을 긋는 바람이 밉다

명주실 끝과 끝에는 늘 삶과 주검이 달려 있었다
유월이 앞섶을 여민다
이제 네 설움 여기 놓고 가거라
너 없는 시절도 모질어야 견딜 수 있는 시간이었다
백마고지 어느 골짜기 꽃봉오리 묻히던
그 날을 어찌 잊을까
차디찬 숨결로 어미를 부르던 네 마지막 노래를
지새는 달이 찾아와
연하고 부드러운 네 뺨에 입맞춤한다
겹쳐진 시간을 펴면 마알갛게 피어나는 얼굴
너를 품었던 달 떠난 자리에 하얀 오르가슴
이슬로 영근다
그래서 저토록 붉어야 했어
너였기에

큰 가문의 귀한 자손 육군 이등병이구나
이름 석 자 연년세세 펄럭이는 깃발이 되었다

이제 바람은 붉음과 초록 그 경계를 허물어 버리는
시위를 힘껏 당긴다

의암

명주 비단 갈가리 찢어 썼던 유서다

피 돋는 나이테 돌꽃으로 피었다
붉게 타는 기억들만 걷는 길
언제쯤 내려놓을까
정수리에 밝힌 화약 냄새 커이커이 울던 날을
성형으로 칼을 쓰면 흉터 없는 듯 아물 날 있으려나

틈새마다 돋아나는 시퍼런 문장 너도 읽고 나도 읽네
못 지킨 책임 때문에 허리 담근 수백 년
자궁 속 뿌리내린 이 거리 저 거리 갓 거리
그 날의 말씀들 불빛으로 터져 나와
빼앗긴 코와 귀 다시 듣는

돌꽃 핀 허리춤에 열 개의 노을띠
멀리서도 알것다

개꼬리풀

한 무더기 발길에 스쳐
보슬보슬한 꼬리 살래살래 흔든다

너는 서책 위에 앉으면
문자를 짓는 붓으로 세상을 바꿀 것이고
화병에 꽂으면
오색 볕살로 나에게 사랑이 되어
꿈의 씨앗으로 익을 것이다

손바닥에서 꼬리 터는 너

길가에 있으니 그냥 풀이다

해바라기

나는 달같이 네게로 기운다
기운 거리만큼 너는 멀리 있다
그물배낭에 너를 넣었다
입술이 바싹 마른다
밤새 미리내가 퍼다버린 눈물로
내 발등에 맑은 우물 하나 생겼다
끝없는 사막에 닿지 않는 손끝은 따갑고
오아시스는 허방 아니던가요
다른 방향을 가리키는 너와 나
깊이 빠질수록 맥박은 빠르다
곡선의 언덕에 바람이 풍경 소리로
몸을 풀듯 나를 풀어놓는다
별살로 베틀을 당기는
높새바람으로 모래알을 퍼내는 일은
나를 퍼내는 일
태양은 저만 보라며 더 뜨겁다
한 생 내내 사랑했던 것은 무엇이었나

그물배낭 빠져나가는 사막
손가락 사이로 미끄러지는 몇 개 바람의 뼈일까
빛을 따라 도는 내 유랑의 피였을까

나비목의 잠

얇은 발톱으로 초록바다를 누비기엔
아직 경추가 약하지요
열네 마디 옹이는 생각이 많아 홑눈을 감고
삼령을 잠들기엔 초록바다가 딱이죠

둥근 우주를 자전하려면 아래턱 수염을 길러야 해요
황실의 여인이나 귀족이 환장할 비단으로 잡힐 때까지
감고 태어난 탯줄을 끊지 못해요

수많은 빛과 어둠의 올을 뽑아 혀 밑에 숨겨야 합니다
핏줄 모서리 뭉실한 줄기에 살고 있는
문장도 읽어야 하구요
거긴 실을 짓는 둥근 뼈들이 뭉쳐 있거든요

지난밤 몸부림이 함석지붕을 들었다 놓기도 해요

치열했던 시간들이 멎고 둥글고
하얀 관 속에 태아로 엎드려 긴 오룡에 들죠
느린 물레의 중력에도
내륙의 핏줄을 바닥까지 풀어내야 합니다
뭉쳐 있던 시간들이 방향지시등같이 지구를 돌면
비단날개 방물장수들이 빠르게 퍼 나르죠
빛진 시간들을 모두 탕감받는 계산법이죠

순진한 그림자
나방이 되기 위해 비틀어진 세상 주름을
아코디언같이 짝 펴야 합니다

능소화

망경산 등줄기 타고 내려온 수려한 산맥 하나
시린 손목에 터를 잡았다

하얗고 가느다란 누이 손끝으로 뽑아 올린
색실의 붉은 혈 몇 방울

길이가 고른 바늘땀 사이를 지나는
어진 누이의 이마 같은 얌전한 매무새

막 수틀을 빠져나온 바늘귀
세상의 비뚤어진 구멍을 깁고 있다

4

돌꽃 지다

돌 속의 돌집엔 눈물들이 뭉쳐 자란다
익은 석양이 비단개펄에 몸을 담그자
돌집의 문을 열고 눈물을 따는 어머니
석화 옷 벗는 소릴 가만히 듣는다

서툰 조새날 물이랑 콕콕 쪼면 찬찬히 내밀던
혀끝에 닿는 젊은 향
짙은 동백꽃 살점 뚝뚝 떨어져 덧나도
시퍼런 물살 저 혼자 씻겨 아물고
펄 속을 깊이 팔수록
위리안치되는 시간이 가깝다는 어머니

그 감옥은 깊었네

다리가 닻줄에 끼여 바다로 가지 못한 날을
감긴 실타래 풀 듯 끊임없이 풀어내던 새아버지
그 가슴은 빈 소주병으로 울었네

다하지 못한 말을 물고 끼익끼익 울던 괭이새
스스로 섬이 된 어머니

흑빛 구렁이 이빨을 드러내고 밤마다 자객으로 찾아와
번득이는 그 비늘을 내 몸에 털었다

다시는 열지 않으마 사립문에 채운 자물쇠
해풍에 씻기고 삭고
해오라기 꽃피면 언덕을 또 오른다
내 삶 절반은
짠 바람이 떨어뜨린 물무늬로 번지는 옹이

상처가 익는 노을빛이면
어머니는 저 곱디고운 노을빛을 북실에 감아
바디를 당기고 계실까

돌팍에 엉긴 눈물집들이 쌓여있는 구죽을 힘껏 들춘다

시간

미처 건너가지 못한 말들이
돌다리를 건너 네게로 가는 중이다

남강의 햇살로 몸을 헹구는 청둥오리 몇 마리
푸드덕 햇볕을 떨어내자
하얀 방울탑이 우르르 펼쳐진다
강물과 달빛이 몸을 섞으면
비늘이 돋는 사실을 누가은 알고 있을까
물의 길을 이어온 새의 고단한 날개
길은 거기서부터 시작되고
언어는 저 날렵한 부리에서 자라온 것을
하늘을 깔고 누운 물살
물껍질은 제 등에 업혀서도
언어를 지키겠다고 연신 동그라미를 만든다
강의 전설 더듬어 들어가면
억울했던 그 여름이 품고 지내던 이야기 걸어 나온다

그래서 남강은 부리 끝에서
쉴 새 없이 청빛을 피워내고 다듬었을까

강바닥에서 숙성된 모래알이
사랑으로 익어 네게로 가고 있다

아버지

ㅡ세석평원 가는 길

내 철없어 기대 온 아버지 등처럼 아주 깊어요
돌부리가 발을 헛디디게도 하구요
활짝 웃는 개나리
물방울 바위를 감고 세상으로 하산을 하네요
맹감꽃도 반가워 옹알옹알 말을 걸고
생의 실패처럼 절벽 앞에서 쭈욱 미끄럼도 타고요
질긴 칡넝쿨 잡고 일어설 때 아버지의 손이구나 했습니다
보일 것 같은 정상은
나뭇가지 사이로 잠깐 내어주던 빛
현실처럼 참 인색합니다
은전으로 계산되던 시간이 지고 가긴 무거운
저 큰 바위였지요
드디어 삶의 정상에 당도했습니다
삶의 애환은 이슬로 사라지고
허공에서 분해되는 서러운 굽이
처음 보는 새와 꽃 연분홍 바람이 하나가 되어
삐리리 장단을 칩니다

아버지 등에서 목마 타던 그때 같습니다
굵은 능선들이 꿈틀대며 다가오네요
시간을 입관한 언덕에
연두잎들이 얼굴을 포개며 눕니다
턱밑까지 올라온 노을을 토하는 황토는
떠돌던 아버지를 붙잡아 앉혔다지요
묵묵히 땅을 디디며 걸어온 흔적마다
열매가 붉게 익었어요
지켜낸 아버지의 성 단단한 등이랍니다

쉽게 쓴 시

내 심장에서 걸어 나가지 못하고 바닥에 웅크린
다리 없는 언어의 이름 하나하나 호명한다
ㄱ아 ㄴ아 ㄷ아 ㄹ아
가로로 세우고 세로로 눕혀 부딪혀 나가떨어진
팔과 다리를 줄 것이다
피노키오의 코를 만들고
환한 세상을 보는 두 눈을 붙이자
아름다운 소리를 듣는 귀와 격려하는 입
또 배설할 똥구멍에
연등을 달아 환하게 비춰 줄 것이다
완성되지 못한 몸에 뜨거운 피를 돌게 해야지
삼베옷을 입혀 연두바람에 뽀얀 종아리를 들추고
춤을 추도록 미투리도 신겨 줄 참이다
단물도 줘야지
저들은 나의 호명에 숨 가쁘게 뛰쳐나와
나의 손을 아프도록 잡겠지
나는 부르지 못해 미안했다고 사과를 할 것이다

그네

바람이 낸 길을 간다
생명줄 잡고 날아가는 볕살에
내 그림자를 실어 보내네
무시로 드나드는 허공이
그림자를 무겁다고 말을 하네

하나는 세상에 올 때 잡았던 줄
하나는 떠날 때 잡고 갈 명주실

받침대에서 내 암울했던 서사시를 읽네
뒤로 나갔을 때 나를 또 버리라 하네

밀고 당기는 바람

이번 생은 그림자 네가 주인이다

만선

활처럼 휘어진 아버지 허리 소주잔 돌듯 빙 돈다
살아온 날들도 그랬다

갑판 위의 빛들이 포획을 시작한다
오직 이번에는 간절한 아버지
꿰미를 움켜쥔 굳은 손마디는 바다가 던지는 저 화두
물음표 앞에 설 때마다
물살의 구비를 어림짐작으로 더듬어
하얗게 치솟던 파도의 절벽을 오르내렸다
다 비워야 내어주는 바다
공손히 견뎌야 한다
한두 번도 아닌데 매번 긴장이다
바다를 관조하던 바람이 아직은 잔잔하다
허리를 감은 바람이
그물 사이에 끼인 노을을 술술 풀어놓자
저어새의 날개 청빛을 힘껏 당긴다

벌집 같은 그물이 수면 위로 조금씩 몸을 보이는 순간
팔뚝에 힘이 실리고
빛들이 등판으로 모두 몰린다
노을빛 치마 속으로 땡땡하게 차오른 만삭
수많은 눈동자가 은빛 방울꽃으로 만개했다

아버지가 대나무처럼 꼿꼿이 일어선다

황태

비단 볕살에 몸을 씻고
나는 동해의 바람막이로 걸려 있다
산 채로 해부당한 채 비닐줄에 꿰어
병사들같이 야간 훈련도 한다
대관령 덕장에 빛과 바람에 신상을 전부 털리고
관 속에도 못 들어간 비틀어진 몸
강풍에 이 뺨 저 뺨을 맞는다

주둥이 들이밀던 곳
허공도 묶어버린다는 벌집 그물망이었지
바람은 비명을 낱낱이 찢어
동해의 검푸른 물살 굽이에 밀어 넣었다
물밑을 기억하듯 허공으로 치솟던 성난 파도
지느러미 흔들며 주둥이로 절벽 이끼를
자근자근 문지르던 밤
환청으로 떠오르는 물비린내

선조들은 황제같이 파도살을 누비며 살았다

다듬이로 흠씬 맞고 나면 드러나는 맨살
잘게 찢겨 속풀이 국으로 우려져 나온다

어살

작은 고기는 우수한 두뇌를 가졌다고 그러더라
남해 물살이 약삭빠른 멸치에 깜박 속은 거지
더 있어 보였거든
교묘하게 쳐 놓은 대살 어장이 놀면서 빈둥거리기엔
딱 좋지
훅 간 거야
물론 기가 찬 미끼가 유혹하는데 한몫했지만
유혹은 나라님도 못 비껴가고 손을 담근다고 들었어
순전히 씹지 않고 먹으려다 대나무방에 갇힌 거지
산 채로 매장당하는 걸 까맣게 몰랐거든
아차 하는 순간 어장 문이 잠겼지
화려한 집어등 불빛에 몸 비추다
후회란 건 맞추지 못해 남겨 두고 가버리는 막차 같지
펄펄 끓는 솥에다 마구 던져 버리는 것이 인간이지
너무했어
사는 일은 정말 모르는 거다

묘한 수수께끼 같거든

몸이 작으니 생각도 얕아 그래서 네 몸이 비틀어진 거야

후회가 무거워서

봄

연두 바람이 훌쩍 담을 넘는다
마치 밤손님같이
털어내도 성큼 다가선다
햇살이 바람을 파도살로 엮어 빨랫줄에 펼쳐 널었다
어우러진 빛과 소리
별살이 잔칫집에 멍석부터 편다
날개를 걸쭉하게 흔드는 멜로디
한데 뭉쳐 뒹구는 시간
생명조차 눈부신 날이다
뿌리를 깨물던 흙
옹알이 한 새싹 속눈썹 털어내고 쫑긋 귀를 세우네
바람 타고 온 배달부 새 소식이라며 대문을 두드린다
첫 음색 뽑아 수틀을 당기는 너는 연둣빛 숫처녀
잔치는 한동안 계속될 조짐이다
바싹 마른 바람 줄기마다 함성의 불을 지른다

폭포

골짜기 가득하다
요동치는 굉음
허공을 수놓는 눈부신 방울들
죽어서 피는 꽃이다
내리꽂힐 때 파고드는 절절함을 아느냐
때리며 얻어맞으며 버텨내는 사이
절벽 그 속살은 이미 순정을 수탈당한 뒤다
수의 같은 은빛 드레스
절간 스님이 읽던 불경들이 바람에 날려 왔었나
도량을 밝히는 명멸하는 빛인가
독수리가 날개를 치듯이 우렁차다
그 구간마다 허공을 비질하는 바람이 불고
푸른 제단 위에
거품꽃 한 그릇 수북하게 담긴다

벽화 여인

천수교 다리 난간에 핀 연꽃
하늘과 붕어의 비늘이 가득한 강물을 굽어본다

용궁에서 막 올라온 여인이
뽀글뽀글한 바구니머리를 휘날리며 빨래를 탈탈 털어 햇볕에 널고 있다

그림값이 비싸다는 갤러리
벽에 살고 있는 여인
연꽃을 타고 온 논개 부인일까
아닐 거야
머리가 변했잖니
한 주먹에 잡힐 것 같은 낭창한
허리 좀 봐
와인을 적신 입술로 너의 입술을 쪽쪽
빨아버릴 것만 같은

눈망울이 항아리처럼 둥글고 푸르다
그녀의 눈으로 강물이 흐르고
목단꽃 자줏빛 강물에 뚝뚝 아픔으로 뿌리며
달빛 쏟아진 천수교 난간 잡고
홀로 서 있다

어머니와 어부

샛별이 창문을 두드리면
어부들은 바다를 향해 빛처럼 몰려든다

발자국에 놀란 바다가 뒤로 물러서 보지만
어부들은 몸을 던져 사냥을 시작한다

종일 좌판을 두드리던 어머니
어깨의 신경통 파스가 훈장으로 빛난다

바다로 하여 소망하고 절망하며
바다로 하여 미워하고 용서하며
바다로 하여 주저앉고 일어선다

바다의 자궁에 갇혀 있는 사람들

고깃배를 띄우고
그물을 풀어 만선을 기원한다

바람도 그물에 걸려
바람을 판 어머니의 젖은 손이 은전 하나하나를
꿰고 있다

바람의 거리

신호등 사거리 바람이
동그라미를 그리며 건물로 달려들자
각진 모서리 둥지 삼던 새들도 놀라 높이 날아간다

날카로운 차량의 경적 혼돈 속으로 흩어지는 비명들
명당자리를 차지했던 이름들은 서로의 몸을 할퀴며
이리저리 부딪히다 거리로 추락한다
벽 사이사이 숨이 끊어진 뼈들이
듬성듬성 박혀 있고
발가벗겨진 은행나무 설익은 초록의 더미들
바람이 무덤을 파헤쳐지듯 사방으로 뿌려진다

내 생 몽땅 지배했던 저 유랑의 끼도
길이 없는 그 길까지 설핏거리는 사원을 찾아 나서는
새들의 죽지도
아무래도 바람의 핏줄인 걸 알겠다

사거리 떨어져 부서진 몸짓들이 질펀하다
각기 다른 음을 내면서 차량의 경적과 불빛이
이리의 눈으로 번뜩거린다

강물

물살이 가끔씩 얼굴을 포갠다

겹쳐질 때 일어나는 건
모두 내 마음 마음으로 쓴 한 자 한 자 문장으로 뜬다

물길은 은밀히 태양을 간음했을까
저 만삭의 넘실거림은
하늘을 잇는 유리기둥 하나 출산해 놓았다

초록 아이들이 흰 손톱으로
절벽의 진달래 꽃잎을 따서 물고 올까

햇볕이 물살에 몸을 뒤집는 문자를
초록 눈으로 읽고 있다

5

피아골 2

퍼붓는 비에 시린 잇몸을 드러내고 웃는다
운해 한 자락 걸치고 걷는 그대가
아슴히 나타나 다시 사라지는 몸짓

발자국 따라 피어나는 오색의 피리 소리
곱구나 그대의 입술이
진즉에도 이토록 촉촉했던가
그대의 몸 곡선에 사는 바람과 안개가 안부를 묻거든
꼭 오늘 같은 날 오라고 전해 주게나
그래야 깊고 은밀한 입술 들추면
마주하는 흰 속내마저 세세히 볼 거라 말일세
네 입술 위로 흐르는 향기는
때로는 무지갯빛을 물고 오는 바람이라서 좋고
장대로 퍼붓는 소낙비라서 더 좋고
젖은 손 나를 더 뜨겁게 잡아서 더 좋은
운해 속에서도 영상처럼 열리는 그대의 붉은 입술

유등

애초에
너도 어둠을 밝히는 빛이었다

간절한 심중을 빠져나온 바람들이
한데 뭉쳐 세상 하나 이루었다

늙지 않는 힘

여태껏 좌절하고 서러워했던 시간들이
뽑아 올린 꽃대

어둠은 빛 속에서 녹는다

쭉 펼쳐놓았다
비단길
이제 네가 가는 길이다

사물놀이

감청의 하늘을 우러르며
내어지르는 아이의 통곡처럼 아득하다
제 살 풀어 섞어내는 우렁차서 더 애잔한
소금기 돋아나듯 솟는 새 소망의 전류
범연치 않은 홍역의 징후다

천길 늪 깊은 광맥까지 헤집어내는 일
희구의 갈망
온갖 욕망을 거두어 진하게 달여낸 한 모금의 약물

선연하게 혈흔이 묻어나오는 내심의 출혈
전신을 줄달음치는 기이한 충격
광활한 초원의 풀 내음
사람의 갈망도
단지 갈망으로 태우듯
영겁의 불이 한 올 실밥에나마 연결되어
기름에 생명의 심지를 달구고 있다

쇠솥

철과 불 바람이 망치 앞에서 순응했을 모진 시간
바람은 또 얼마나 오랜 세월 풍화작용을 했을까
거친 숨 오래도록 물더니 끝내 용암으로 굳었다

결마다 지녀온 내력을 읽으며 옹이 앉은 자리
그 틈새 물비늘인 것을
깊은 고통을 훌쩍 넘어 남겨진 너는 유산으로 산다
그 허리를 닦고 닦아내며 철을 두들겼던 손길
한층 빛을 더하는 오성의 광채
견고한 선율로 살아나 찬연히 펼쳐져 열리는 길

보라
막 씻어낸 듯
하얀 맑음으로 속속들이 다져져
부뚜막에 오른 쇠의 결
바닥까지 비단이다

다솔사

풍경이 귀를 세운다
능선을 타고 흐르는 바람의 줄기들
봉명산 청정 숲에서 몸을 씻으며 살다가
열두 달 산세에 절로 고개 숙인다 했던가
허공을 동여맨 저들의 함성
소리의 화음으로도
두꺼운 어둠은 한 겹씩 껍질을 벗는다
무심을 받쳐든 손등을 감아쥐는 몇 가닥의 허공
계율의 디딤돌 아닐까

기도를 마치고 나면
목탁은 한동안 고사목으로 들어앉는다
낮음의 문턱인가
죽비의 몸 비비는 소리인가
움켜쥔 인연을 놓으면
어지러운 마음들이 밖으로 나와 바람이 된다

바람이 마른 잎 하나 지고 가는 것도
인연 따라 일어나는 것일까
법문이 푸르게 물들 때
오체투지로 흘려 쓰는 사미승의 절간 악보다
경전 속에 들어가 문장 하나씩 갉아먹는 바람의 입술
무심으로 밟는 대양루 바닥에도
소리와 빛이 숨어서 필까
떨리는 마음으로도 소리를 춤추게 하는 바람의 자식

이 깊은 곳으로 살아나온 천년 아픔을 펼치는 순간
우주를 만나면 기왓골은 우담바라 꽃이 될까
허공을 순례하는 소리 한 채
열두 달 절간에는 바람들이 살고 있다.

호미곶

안개 숲으로 사라져간 목숨의 수만큼
바람을 다스리는 바다의 신들이 산다
물살을 움켜잡은 완고한 저 숨결
바람을 싣고 항해하는 물살들의 이랑 속
물의 뼈들은 수시로 신경통을 앓는다

바람이 멀미로 토해놓은 호미곶
사라진 이름들이 폐선 이물에 상형문자로 박혀있다
찢어진 바람의 날개 깁고 기워서 피워낸 꽃인가
주상절리 활짝 핀 손바닥에 앉은,
날개깃에 감춘 바람살에 부리를 닦는
저 괭이갈매기들의 목쉰 울음 너머

우주를 받쳐 든 손
두꺼운 어둠을 걷어내는 아침 하나
가뿐히 들어 올린다

단풍

바로 심장이었다
너를 품어 키운 내 시간
어언 수십만 년
쌓일 수도 없어 그냥 물든다
너에게 가는 길
삭혀서 토해낸 활화산처럼
내림굿 한번 없이도 발끝까지 물든 산천을 보라
너 비로소 나에게 당도하다

흔적

단풍잎을 깁는 박음질 자리마다
떠나가신 발자국 뚜렷합니다
참새 몇 마리 훌 날아와 주저리주저리
검은 손톱 훈장이 되어 걸려있어요
종일 거름 몇 자루 익어가는 헛간에는
호미와 괭이가 들녘 향해 웅성대기도 한답니다
매달린 씨종자 봉지마다 새 움 틔우려
새끼줄 구멍마다 귀를 세우네요
바람에 놀란 그늘이 외로웠는지 고개를 내밉니다
그 자화상 내면을 살찌운 시간들을
대숲 바람이 갈무리하네요
부뚜막 아래 철 지난 귀뚜라미 자꾸 울어
나뭇잎을 흔드는 저 바람의 손에서
어머니 시린 손마디가 파랗게 떨립니다.

가을

청정한 거울로 서서

가려진 사실마저 담아 내려한다

내 인생의 하오 공덕의 생명밭에

햇살이 금잔에 부은 술같이 잔대 위에 넘실댄다

순금의 바람같이 천마로 달려온 그대

그대 이 빛으로 왔을까

남의 얘기를 경청하는

품격 있는 방청석에 앉은 심정이다

섬진강

흔들리며 다져진 근육이다
굽은 어미의 등뼈를 타고 흘러내린
여리고 짭짤한 눈물 척추에 머문 우주 아닐까

물굽이에 따라 일어서고 주저앉던 목새
버텨야 하는 줄 알았다

목 놓아 시원히 한 번 울지 못한 바람
부대낄 적마다 솟대로 붙잡았던 연두 줄기들
갈라진 바닥은 거북이 눈물이라도 뽑아 적셔야 했다

별빛 하나 길을 내듯
물의 시작도 지리산의 한 방울 이슬 그 씨앗이었다
별빛 하나 길을 내듯
물의 시작도 데미샘* 한 방울 이슬 그 씨앗이었다
이슬이 키웠을까

점자같이 박힌 강조개 까만 입술로 뱉어내는 모래알
입안이 칼칼한 바닥

해장하시는 아버지 갈증 같은 거
물껍질이 목새를 씻는다

운석이 거품꽃으로 피고 또 진다

떠내려가다 머문 가슴팍에 기어들던 생명들이
소쿠리에 담긴다
떨어진 저들의 목숨은 또 다른 생을 준비하는 걸까

물굽이에 쏠렸던 바닥 이쯤 오면 순하고 느긋하다
어미 뱃구리를 빠져나온 물의 씨앗들은
세상의 순서를 정하지 않고 순둥순둥 태어난다

남해 그 입술에 젖 물리는 어미의 비릿한 가슴

*데미샘 : 섬진강의 발원지

장마에 젖는 것들

이끼들이 눈부시게 푸르다
이끼가 저 빛을 내는 동안 허물어지는 낡은 기왓골

기왓장과 기왓장 사이의 틈새를
절묘하게 겨냥한 바람 비
목적대로 꽃이 웃고 있던 벽지는
일그러진 상태로 흠뻑 젖어 떨어졌다
외부의 힘으로 파괴돼 아주 무겁게 내려앉는 무기력증
조마했던 생각들이 빗나간 적은 없었지만
내 마음이 먼저 우기로 내려앉는다
젖은 몸들은 그대로 앉아 있다
빠라삐룬 * 은 독한 눈을 부릅뜨고 달겨든다
몽땅 뜯어갈 듯이 지붕이 날아갈 듯이
죽지를 세우고 일어나긴 어렵지 이미 놓아버린 맥이니
빳빳했던 젊은 날의 풀냄새를 기억할까
낡은 것들은 스스로 앉을 자리를 안다

삭고 오래된 회색의 언저리에 맴도는
진부한 온갖 물체와
뜯겨나간 것들의 항변이 골목 가득하다
기왓장 사이 젖은 구석은
틈새로 들어온 날카로운 빛을 좋아하지
장마에 즐거운 것은
터를 넓혀가며 빗속을 방실거리는 이끼뿐이다

* 쁘라삐룬 : 태풍의 이름.

지심도

신이 손수 빚은 기암절벽

그 마디마디에 뿌려져 섬이 키운 사랑 하나

이루지 못한 사랑도 절경이 될 줄이야

비단 같은 동백꽃 입술을 훔쳐가 버린 너

비취색을 품은 초록의 숲은 밤마다

앙상한 뼈로 가부좌를 튼 채 별빛을 우려냈다

비명은 땅을 파고 들어가 탑이 되고

때로는 거칠게 때로는 순하게

춤추는 저 몸짓들

여명이 솟아날 때 허공을 감아쥐는 붉은 기운 하나

철썩철썩 세월 씻어낸 소금꽃

저녁이면 똬리 튼 노을로

하얀 내 입술 잘근잘근 물고

아프게 피어나 천지를 물들인

너 정녕 동백이구나

튀밥쟁이는 요술쟁이

대지가 술렁거리더니 펑펑 터진다
장날 튀밥쟁이가
야트막한 산 능선에 화포를 마구 쏘고 있다

궁금한 것을 참지 못해 교문을 터져 나온 소녀들같이
초롱초롱한 눈동자 세상에 관심이 많다
투정하는 봄비가
꽃분홍 소녀들 속으로 서서히 침투해간다

바람이 스칠 때마다 포개지는 하얀 얼굴 얼굴
나비 대신 별살이 찾아와 더듬네
나도 허공 위에 있듯이 몽롱하다

하필
백화에 취한 이때에 뜨거워지는가
심장이
까마득한 내 사랑 하나 핏방울같이 튀어오른다

그 마디마디는 모두 빈 섬이었다
아니 날마다 일어서는 비늘처럼 못다한 밀어들이 튀밥
알로 솟구쳐 환생했을까
밀려온 이 그리움을

가지를 다듬느라 베어낸 파묻힌 자리
둥근 낮달 환하다
봄나들이 한다고 신은 새 구두 붉은 황토와 하얀 꽃잎
이 마알갛게 웃고
튀밥쟁이는 장날마다 화포를 쏘며 북상 중이다.

옹이가 피운 꽃, 그 뜨거운 시

박종현(시인, 경남과기대 청담연구소 연구원)

1. 시의 밑거름이 된 옹이

프랑스의 화가 장 프랑수아 밀레의 '이삭 줍는 여인들'을 보고 있으면 참으로 평화롭고 안온한 느낌이 든다. 추수가 끝난 가을 들판에서 논바닥에 떨어진 이삭을 줍는 세 여인의 모습을 사실적으로 묘사한 이 그림은 무척 눈에 익은 풍경이다. 허리 숙여 이삭을 줍는 여인들의 등 너머 펼쳐진 고즈넉한 농촌 분위기와 산더미처럼 쌓아놓은 볏짚은 서정적인 정서를 불러일으키기에 충분하다. 보는 이로 하여금 평온함과 아름다움을 느끼게 한다. 그런데 이 그림의 속살을 들여다보면 지금까지 느꼈던 아름다움과 평온, 서정적인 분위기와는 사뭇 다른 느낌을 갖게 될 것이다.

이삭을 줍고 있는 세 여인의 손은 일꾼들의 손만큼이나 투박하고 크다. 그리고 먼발치에서 말을 탄 지주가 여인들을 감시하고 있는 듯한 모습을 보면 처음 그림에 대해 가졌던 느낌은 이상주의적 접근에 지나지 않았음을 인식하게 된다. 어쩌면 이삭 줍는 여인들의 현실은 평화롭고 서정적인 분위기와는 매우 다르다는 것을 쉽게 알아차릴 수 있다. 가족들의 생계를 위해 한 톨의 이삭이라도 더 주우려고 거친 손을 바삐 움직이는 여인들의 모습이 담겨 있는 그림의 내면을 들여다본다면 소작농들의 가난한 삶과 삶에 대한 강한 의지를 엿볼 수 있다. 높이 쌓은 볏짚은 지주의 몫이고 바닥에 띄엄띄엄 흘린 이삭들만이 소작농의 몫이라는 것을 알게 될 때 밀레가 그린 '이삭 줍는 여인들'이 무엇을 말하려고 했는지는 어렵지 않게 짐작해 낼 수 있다.

밀레의 '이삭 줍는 여인들'을 보면, 천재 희극인 찰리 채플린의 '인생은 가까이서 보면 비극이나, 멀리서 보면 희극이다.'라고 한 말이 생각난다. 모든 사람의 삶이 다 먼 곳에서 바라보면 행복해 보이고 아름답게 보이지만 그 사람들의 삶의 실체 속을 들여다보면 삶이 걸어온 옹이와 티눈 같은 아픔이 굽이굽이 박혀있음을 알 수 있다. 어쩌면 그 슬픔과 아픔이 모여 빛나는 삶을 이루었는지도 모른다. '이삭 줍는 여인들'의 속살을 들여다보았을 때 느낀 감회가 백숙자 시인의 시에도 담겨 있음을 보고 놀라지 않을 수가 없었다. 늘 밝고 환한 미소로 다가온 시인의 시 속에서 뜻하지도 않은 아픔과 옹이가 넓고 깊게 박혀있음을 발견했기 때문이다. 모든 사람들의 삶의 내면을 들여다보면 아픔들이 있겠지만 백 시인의 삶 속에 밴 얼룩은 쉽게 지워지지 않는 아픔과 슬픔이다. 백 시인의 슬픔과 옹이가 키워낸 시의 속살을 들여다보면서 콧등이 찡해 옴을 감출 수가 없었다.

2. 옹이 하나

밭에서 막 따서 깐 자주색 팥을 푹 삶는다
할머니 손은 열 개의 추가 달린 저울
뽀얀 쌀가루 고루 깔고 노을빛 호박 썰어
손맛을 섞어 버무린다
한 켜 한 켜 경계선을 긋는 붉은 팥

8부 고지에서 밀봉된다
눈금 없이도 무게는 틀리는 법이 없지
경력 오십 년 솥뚜껑 기능보유자의 능숙한 솜씨다
솥의 입술과 시루 그 입술 사이 하얀 꽃띠를 두른다
이음꽃이다

아궁이에는 시월 뒷산 앞산이 타고
시루 속에서 막 들어간 노을이 몸 부비며 익는다
나락 가마니가 쌓이는 숫자만큼
할머니 손저울은 달라진다
참 안 된 일이지만 그 날은
닭이 몇 마리 소신공양을 해야 한다

이슬 맞은 달짝지근한 무 철철 날려서
닭뼈와 살을 푹 삶는다
국 끓는 내음 가마솥 곁으로 사람들이 빙 둘러앉는다
자주 팥알과 호박의 찰떡궁합
얼큰한 국물
멍석 위 아재들의 땀방울 후후 불면 다 날아가고
가슴이 더워진다
할매 손 참 바쁜 지화자 동네 잔칫날
마침 내 생일이었다

—시 「생일」 전문

어린 시절 백숙자 시인은 몹시 유복한 가정에서 성장했던 것 같다. 손녀의 생일을 맞아, 할머니께서 친척들에게 대접할 팥시루떡과 닭백숙을 준비하신 것을 보면 화자인 손녀는 집안에서 몹시 귀한 몸이었다는 생각이 든다. 어쩌면 가난과는 거리가 먼 부잣집 손녀임을 알 수 있다. 일생 중, 가장 행복했던 한순간이었을지도 모른다. 이제는 기억 속에서만 가물거리는 행복을 백 시인에게 가장 많이 선물해준 존재는 할머니와 할아버지다. 대부분의 사람들이 그러하듯이 할머니, 할아버지는 손주들에겐 행복전도사 역할을 맡았다. 백 시인은 유독 더 많은 사랑과 행복을 건네받았다는 생각이 든다.

그러나 그 두텁던 사랑과 행복도 오래 가지 못했던 것 같다. 어린 시절이 지나고 청소년기에 접어들면서 지금까지 시인을 돌봐준 조부모님의 자리를 부모님이 맡게 된다. 자의식을 깨닫기 시작하던 사춘기부터 시인은 갈등을 겪게 된다.

호르게 물길을 터주는 게 우선이다
바싹 말라 갈라진 바닥의 주둥이에
물의 젖꼭지를 물리는 것

애면글면 하늘만 쳐다보는 비단흙에서 단내가 난다
여름만 되면 도지는 아버지 속병
농사일은 아예 모르신다
어머니와 아재의 몫이다
하얀 모시 두루마기 올 사이에 끼인 볕살을 데리고
고샅길 걸으시네

물길을 찾아 종종
고무신 코가 헐렁하도록
논둑 밭둑을 벌같이 날아다니시네

급하게 싼 설사처럼 콸콸 쏟아져 비틀어진
콩대와 팥 줄기 벼 뿌리까지 적시면
기왓골 같은 어머니 눈웃음 지으실까
고운 새벽 단잠이라도 한 번 재우실까

애가 탄다
물 새끼들 숲을 내려오면서
자갈 속으로 다 숨어버리지

봇도랑 바닥을 씻어두면 가뭄에도 물이 살까
물껍질을 벗겨 길을 내는 묵은 감자 같은
손등을 담그는 새벽이

참 뜨겁다
물길을 틔우신 어머니
임자 없는 새벽은 어머니가 주인이다

ㅡ시 「물꼬」 전문

일도 글도 어정뱅이에다 마음만 호인이었던 시인의 아버지, 농사철만 되면 선비 흉내를 내고 글 읽어야 할 때는 일꾼 흉내를 내는 아버지와 머슴처럼 일만 하시는 어머니 사이엔 갈등이 필연적으로 생길 수밖에 없다. 갈등은 부모님이 겪지만 그 아픔은 고스란히 자녀들의 몫인 경우가 많다. 갈등의 원인을 제공한 아버지는 상황을 그냥 넘기기만 하면 되고 어머니는 고통스러운 순간순간을 인내하면 그만이다. 하지만 정서적으로 예민한 시기에 있었던 백 시인은 그 모든 상처와 아픔을 가슴에 묻어둔 채, 틈나는 대로 꺼내어 되새김질을 해야 했다. 백 시인의 가슴에 자리 잡은 아픔에 세월의 두께가 더해져 옹이로 남았던 것이다. 그것이 백 시인으로 하여금 시인의 길로 걷게 한 물꼬가 되지 않았나 하는 생각이 든다.

타는 노을이 막 마지막 바람 한 채 운구해 왔습니다
화장장 주변 나뭇가지들이

시간당 오백 밀리의 물폭탄을 맞으며 조문을 합니다
그리움 여섯 촉 기르신 아흔의 생
깊은 우물이 타고 있어요
굴뚝 위로 솟아 꿈틀거리는 저 몸짓
걸어오신 높고 낮았던 길
목쉰 외침 마디마다 활활 불꽃 일어나
한 줌의 재로 오롯이 안깁니다
이럴 때는 소방차 호스로는 턱도 없겠어요
불이 끓어내는 모진 고리

저 불길에 어머니가 있다는 사실을 믿는 사람은
아무도 없지요
달려가 서러움 실컷 토해내도 되는 언덕은
죽지 않는 줄 알았습니다

거짓말이야

여섯 필 비단천을 짜시던 손
도토리나무 껍질이었습니다
그 손은 2순위 자식은 1순위
용서란 말도 참 염치없어 못 합니다

—시 「어머니」의 부분

단풍잎을 깁는 박음질 자리마다
떠나가신 발자국 뚜렷합니다
참새 몇 마리 훌 날아와 주저리주저리
검은 손톱 훈장이 되어 걸려있어요
종일 거름 몇 자루 익어가는 헛간에는
호미와 괭이가 들녘 향해 웅성대기도 한답니다
매달린 씨종자 봉지마다 새 움 틔우려
새끼줄 구멍마다 귀를 세우네요
바람에 놀란 그늘이 외로웠는지 고개를 내밉니다
그 자화상 내면을 살찌운 시간들을
대숲 바람이 갈무리하네요
부뚜막 아래 철 지난 귀뚜라미 자꾸 울어
나뭇잎을 흔드는 저 바람의 손에서
어머니 시린 손마디가 파랗게 떨립니다.

—시 「흔적」 전문

갈등과 아픔은 그 원인이 되는 존재가 곁에서 떠나게 되면 아픔은 사라지고 그리움만 남게 된다. 영원한 후원자였던 어머니가 세상을 떠나신 자리, '종일 거름 몇 자루 익어가는 헛간에는 / 호미와 괭이가 들녘 향해 웅성대'며 주인을 찾아 그리움의 목을 빼고 있고, '매달린 씨종자 봉지마다 새 움 틔우려 / 새끼줄 구멍마다 귀를 세우'고 있다. 아버지는 세상 물정 모르는 마음씨 착하고 순한 허울뿐인 가장이었다. 집안의 대소사를 도맡아 온 어머니가 진정한 집주인이자 백 시인의 그리움의 대상으로 남아있다. 호미나 괭이, 씨종자를 넣어놓은 봉지가 그리워하는 대상도 어머니다. 부모님 사이의 갈등으로 인해 물려받았던 아픔이 마침내 그리움으로 바뀌는 순간이다. 비로소 옹이에서 시의 움이 돋아난 것이다.

3. 옹이 둘

안타깝게도 백 시인은 가장 행복했어야 할 시기에, 처음 겪었던 갈등과 아픔보다 더 깊고 모진 갈등과 아픔을 겪게 된다. 사춘기에 겪었던 첫 번째 옹이는 타인으로 인해 생긴 것이지만, 두 번째 옹이는 스스로가 만들고 키운 것이다. 결혼한 지 10년도 채 안 되어 별리別離의 아픔을 겪게 된다. 회한悔恨의 대상이었던 부모님이 그리움의 대상으로 가슴에 자리잡을 무렵, 감내하기 어려운 엄청난 아픔을 껴안아야 했다. 불행 중 다행으로 이 두 번째 아픔이 백 시인으로 하여금 본격적인 시인의 길을 걷게 하는 노둣돌 역할을 한다.

어둠과 빛의 경계에서
바람은 어둠의 뼈를 입관한다
땅속 반란이다
뜨겁고 둥근 우주 하나
능선의 속살을 뚫고 솟아나
울렁울렁 멀미하는 숲

칙칙한 모든 것들이 밀려 나간다
환한 얼굴들이 달려온다

그렇게
춥고 낡은 서러움들이 빛에 씻겨 사라지고
한 평씩 터를 늘이는 고단함은 이제 아픔이 아니다

세상에 비참이라는 두 글자를 없애고 싶다는
어느 시인의 고백

손길이 미쳐 닿지 않은 구석을
상크름한 바람이 지나도록 들추어
챙기고 보듬지
샅샅이

그렇게

문밖 대추나무 새순이 돋는다
황금빛 거미줄 온몸에 칭칭 감고서

—시 「아침 2」 전문

'세상에 비참이라는 두 글자를 없애고 싶다'고 한 말은 어느 시인의 고백이 아니라 백 시인의 고백이 아닐까 하는 생각이 든다. 가장 맑은 기운이 감도는 아침을 맞은 시인은 '땅속의 반란이 시작'되고, '칙칙한 모든 것들이 밀려나' '환한 얼굴들이 달려오'고, '춥고 낡은 서러움들이 빛에 씻겨 사라지'고, '문밖 대추나무 새순이 돋'아나는 꿈과 내일을 노래하면서도 황금빛 거미줄 온몸에 칭칭 감고 맞이하는 아침이 결코 환하고 빛나는 세상이 아닌 것처럼 느껴진다. 지금까지의 어둡고 칙칙한 자신에 대해 반란이라도 일으키고 싶은 그런 아침을 갈구하면서도 끝내 자신의 삶에 끈질기게 붙어다니는 '비참'이라는 단어를 없애고 싶다고 고백하는 시인, 시인이 만난 아침은 꿈과 내일을 밝혀주는 존재가 아니라 자신의 아픔을 밝고 환한 세상에 폭로하는 존재로 인식한 것 같아 참으로 안타깝다. 어쩌면 백 시인 자신의 내면에 존재하는 옹이를 캐내어 아침

햇살에 말리고 바람에 거풍해서 새로운 삶을 갈구했지만 현실적 상황이 녹록지 않다는 것을 시인은 뼈저리게 인식했을지도 모른다.

이러한 절망에 가까운 현실적 상황에서 벗어나고자 하는 갈구와 의지가 많은 시에 드러나 있다.

애초에
너도 어둠을 밝히는 빛이었다

간절한 심중을 빠져나온 바람들이
한데 뭉쳐 세상 하나 이루었다

늙지 않는 힘

여태껏 좌절하고 서러워했던 시간들이
뽑아 올린 꽃대

—시 「유등」의 일부분

시 「유등」처럼 유등은 지금껏 현실에 좌절하고 자신의 처지를 서러워했던 시간들을 극복해낸 시인 자신이 피워낸 인고의 꽃인지도 모른다. 그런 꽃을 그냥 피워 올린 것이 아니라, '한번 물면 놓지 않는 아귀의 힘 / 그게 바로 나야' 「해삼」처럼 모진 마음을 가져야만 가능했을 것이다.

> 울음의 빛 얇고 가벼우면 / 몇 알의 진통제 뼈마디 통증 사라질까 / 달빛도 내 그림자같이 비틀거린다
>
> ―시 「집으로 가는 길」 일부분

> 뭍에 오른 바다 / 활활 타오르는 장작불 석쇠에 / 푸푸 흰 거품 전하고픈 말이 많다
>
> ―시 「전어」 일부분

> 바람은 비명을 낱낱이 찢어 / 동해의 검푸른 물살 굽이에 밀어 넣었다 / 물밑을 기억하듯 허공으로 치솟던 성난 파도 / 지느러미 흔들며 주둥이로 절벽 이끼를 / 자근자근 문지르던 밤
>
> ―시 「황태」의 일부분

진통제로도 사그러들지 않는 통증, 세상 향해 내뱉고 싶은 말을 흰 거품 물며 견뎌야만 하는 현실, 황태처럼 절벽 이끼 자근자근 문지르며 인내해야 하는 시간을 오

랜 세월 시 속에 숙성시킴으로써 시인은 스스로를 온전한 모습으로 일으켜 세울 수 있었다. 그러한 굳고 단단한 의지가 내면 깊은 곳에 바탕을 이루었을 때, 마침내 시 「동지」와 같은 새로운 삶의 길을 갈망할 수 있었다.

슬픔도 끓거나 잘 익으면 별이 되는가

야윈 것들이 모두 살이 올라 한 그릇 불꽃으로 담겨
저녁상에 등불 없이도 방은 환하다

—중략—

저 솥에서 누이별과 아버지 어머니별이 걸어 나와
수년 비어 있는 고향 집 하늘에 떠
어둠 하나 밝힐 경전으로 반짝이면 좋겠다

아픔도 푹푹 삶으면 빛을 만드는 우주로 태어나
길을 비추는구나

—시 「동지」의 일부분

'저 솥에서 누이별과 아버지 어머니별이 걸어 나와 / 수년 비어 있는 고향 집 하늘에 떠 / 어둠 하나 밝힐 경전으로 반짝이면 좋겠다'. 백 시인의 시적 상상력이 매우 돋보이는 부분이다. 반짝이는 상상력 너머로 '아픔도 푹푹 삶으면 빛을 만드는 우주로 태어나 / 길을 비추는' 것처럼 아픔도 인내와 용서로 푹 삶고 고면 빛이 될 수 있다는 발상, 거룩한 발상이 아닐 수 없다. 지금 백 시인의 밝고 환해진 모습은 시 「동지」에 드러난 화자처럼 세상을 바라보는 긍정적인 시각이 만들어내지 않았을까 하는 생각이 든다.

4. 옹이를 익혀 피워낸 꽃

백 시인은 삶의 옹이들을 캐내어 불을 지펴 세상을 밝힐 줄 안다. '물과 불이 익힌 세상 하나 / 한 움큼의 햇살과 바람이 숟가락 안에서 웃는다'라며 시 「부엌」에서 살아온 생애의 아픔이었던 옹이를 뽑아 아궁이에 넣어 태우는 순간, 빛이 되고 온기가 됨을 깨달았던 것이다. 시 「옹이꽃」에서는 '위태한 절벽 끝 피어난 찔레꽃 다발 / 모시바람 불 때마다 가시에 찔린 하얀 웃음이 / 왈칵 쏟아졌답니다 / 가시를 깁던 손톱 밑 노을 몇 점 따라와 영글고 / 그믐밤에도 어여쁜 나의 등대에는 떼별들이 / 남실남실 돋아납니다.'라며 옹이 자리에 피어난

치유의 꽃이 행복의 불꽃으로 타올라 새로운 세상 하나를 여물게 했음을 토로吐露하고 있다. 잘 영근 열매에서 종소리가 났다. 아픔이 익어 탄생한 범종의 소리다.

소리의 집
생이 무거워 늘 맞으며 사는가
소리의 나이테 쇠 문양에
몇 자 법문으로 둥글게 박힌다
울었던 시간을 다듬이질로 펴면
그 사리로 검은 벽면을 환히 밝힐 수 있으려나
동그란 부처의 미소가 소리 줄기에 살고 있을까
어둠을 잠재우는 소리의 집
감추었던 시간이 옷을 벗는다
맞을 때마다 떨어진 쇠비늘의 씨앗일까
하나가 되기 위해 억겁의 시간 생하고 또 멸하였다
맞으며 다져진 비단속살
삼경의 행간을 굴러굴러 세상으로 나간다
혼자서는 열 수 없는 길이네
빛이 되지 못한 침묵들이 검붉도록 맞아야
내 깊은 내륙까지 차오르는 너
용의 발톱에 매달려 천년을 울었구나

—시 「범종」 전문

백 시인의 생애와 범종을 치환해 놓은 시 「범종」은 범종소리를 통해 시인이 꿈꾸어온 세상을 구현具現하려고 한 점이 돋보인다. '울었던 시간을 다듬이질로 펴면 / 그 사리로 검은 벽면을 환히 밝힐 수 있으려나 / 동그란 부처의 미소가 소리 줄기에 살고 있을까', 부처의 사리와 미소로 퍼지는 범종소리가 정녕 백 시인이 꿈꾸어온 세상이 아니었을까 하는 생각이 든다. 현실이 너무 무거워 두껍고 어두운 시간의 옷을 입고 있어야만 했던 지난 날, 빛이 되지 못한 소리가 검붉도록 맞고 나서야 세상 가득 차오르는 빛으로 울려 퍼지는 그런 삶을 시인은 꿈꾸었을지도 모른다. 그 소리가 너무 깊고 무거워 소리 없는 부처의 미소로 자신과 세상을 울리는 그런 삶을 시인은 갈구했을 것이다.

삶이 없는 시를 읽으면 100미터 달리기 선수들이 뜀박질을 하는 것처럼 시들끼리 달리기 경쟁을 하는 것 같다는 생각이 들 때가 많다. 자기만의 언어로, 자기만의 감각으로 누가 더 잘 표현하는가 하는 경주를 하는 것 같다. 그런데 백 시인의 시집 『네게 닿을 때까지 나는 운다』에 실린 시들의 행간에는 삶이 담겨 있다. 그래서 읽는 이들에게 감동을 준다.

자연의 꽃은 주로 봄철에 피지만 사람은 사랑할 때 비로소 꽃으로 피어난다. 백 시인은 지금 60대 중반이다. 하지만 그 어느 때보다도 열렬하게 시와 사랑을 나누고 있다. 백 시인은 지금 꽃으로 활짝 피어나는 중이다. 시에 돋은 가시 사이사이엔 짙고 환한 향기가 풍긴다. 백 시인의 시는 긴 세월 아픔과 슬픔으로 뭉쳐 있던 옹이를 익혀서 시로 피워 올린 이 세상 가장 아름다운 꽃이다.

먼 곳에서 바라볼 때는 희극이었던 삶이 가까이 들여다볼 때는 비극의 얼룩마저 띠고 있던 백숙자 시인의 삶, 이제 삶의 속살까지도 행복으로 가득 차 있다. 그 행복의 씨앗이 옹이였다면 행복의 물꼬가 된 것은 시였다. 옹이가 피운 꽃이 바로 시다.